長の十訓

藤尾秀昭
金澤翔子＝書

致知出版社

すべての長と名のつく人に贈る。

長の十訓＊目次

明治四（一八七一）年十一月十二日、明治新政府の事実上の首班《しゅはん》である右大臣岩倉具視《ともみ》（四十七歳）を団長に、総勢百七名（使節四十六名、随員十八名、留学生四十三名）の使節団が欧米諸国を目指して横浜から出発した。

約三百年続いた江戸幕藩体制を実質的に崩壊させた廃《はい》藩置県《はんちけん》の強行から僅《わず》か四か月後である。不満を抱く大名や武士が反乱を起こしても不思議はない状況にあった。その中を大久保利通《としみち》（四十二歳）、木戸孝允《たかよし》（三十九歳）、伊藤博文（三十一歳）という新政府の中心人物が揃《そろ》って、予定では十か月にわたり十四か国を歴訪《れきほう》する海外視察の旅に出たのである。

使節団の目的は二つ。江戸幕府時代に締結《ていけつ》された不平等条約の改正と欧米諸国の研究。日本の国家のあり方を定める礎《いしずえ》にしたい、という思いからの旅立ちだった。

留守政府を預かったのは太政《だじょう》大臣三条実美《さねとみ》（三十五歳）、参議の西郷隆盛（四十五歳）、板垣退助《たいすけ》（三十五歳）、大隈《おおくま》重信（三十四歳）。出発の六日前、三条実美は使節団と留守政府の主要メンバーを自宅に招いて送別の宴《うたげ》を開き、こう激励した。

「いまや大政維新。海外各国と並立を図るの時に当たり、使節を絶域万里《ぜついきばんり》に奉ず。外交内治前途の大業その成否、実にこの挙にあり」

送るほうも送られるほうも、新国家建設の使命感に燃えていた。当時の若きリーダーたちの意気込みが溢《あふ》れたスピーチである。

使節団はアメリカを皮切りに行く先々で熱烈な歓迎を受け、旅は延びに延び、結果として六百三十二日の世界一周旅行になった。

この旅に「暴挙」「壮挙《そうきょ》」と評価は分かれたという。だが、当時のリーダーが世界の中の日本を知り、日本の針路を誤らずに今日に導いた事実を見れば、「壮挙」であったことは確かである。

当時のリーダーはリーダーたるにふさわしい器量を備《そな》えていた、といえるのではないだろうか。

何よりも特筆すべきは、彼らの溢れんばかりのバイタリティであり楽天性である。そのバイタリティと楽天性が野放図《のほうず》に流れず、「武」と「学」の鍛錬によって陶冶《とうや》されている。彼らの人間的迫力、人間的器量はそこに起《き》因《いん》している。

一にバイタリティ、二に楽天性、三に絶えざる自己修練。この三つはいつの世もリーダーに欠かせない資質といえる。

国も会社も家庭も、そこにどういうリーダーがいるかで決まる。どういうリーダーがいるかで、国、会社、家庭の浮沈《ふちん》、盛衰が左右される。いつの時代も問われるのは、リーダーの器量である。

では、人間的器量はいかにして養えるのか。安岡正篤《まさひろ》師は『経世瑣言《けいせいさげん》』の中でその要諦《ようてい》を概《おおむ》ね次のように示している。

「まず、第一に古今のすぐれた人物に学ぶことです。つまり、私淑《ししゅく》する人物を持ち、愛読書を持つことが、人物学を修める根本的、絶対的条件であります。

次に大事な条件は、怯《お》めず、臆《おく》せず、勇敢に、己《おの》れを空《むな》しうして、あらゆる人生の経験を嘗《な》め尽くすことです。人生の辛苦艱難《しんくかんなん》、喜怒哀楽、利害得失、栄枯盛《えいこせい》衰《すい》を勇敢に体験することです。その体験の中にその信念を生かしていって、初めて知行合一《ちこうごういつ》的に自己人物を練ることができるのです」

リーダーの器量は一朝一夕《いっちょういっせき》には成らない。不断の長い修練の果てに培《つちか》われる、ということを忘れまい。

第2章

壁を越える

この人ほど人生の辛酸《しんさん》をなめた人はいまい、と思われる一人に二宮尊徳《そんとく》（幼名金次郎）がいる。

天明《てんめい》七（一七八七）年、相模《さがみ》国栢山《かやま》村（現・神奈川県小田原市）に中農《ちゅうのう》の子として金次郎は生まれた。平穏な暮らしが一変したのは四歳の時だった。関東一円を襲った大暴風で酒匂川《さかわがわ》が氾濫《はんらん》、父の田畑は荒地と化し、一家は貧窮のどん底に落ちてしまう。

災難はさらに続いた。その荒地開墾《かいこん》の無理がたたり、父は四十七歳で他界した。金次郎、十三歳の時である。そして、その二年後、父の後を追うように、母が急逝《きゅうせい》する。三十五歳の若さだった。母の死後、弟二人は母の実家へ、金次郎自身は父方の伯父の家へと、一家は離散を余儀なくされる。

伯父の家の野良仕事で働きずくめの毎日。だが注目されるのは、金次郎が学ぶのをやめなかったことである。柴刈りの山への往復さえ『大学』を手放さずに読み続けた。しかし、「百姓に学問は要らない」と伯父は勉学を嫌った。それでも金次郎は深夜に夜着《よぎ》をかぶって行燈《あんどん》の灯を隠し、本を読み続ける。だがそれも見つかって、「油がもったいない」と叱られた。金次郎は友人から借りた一握りの菜種を川土手に蒔《ま》き、収穫した菜種を油に変え、学び続けた。

金次郎が捨てられた稲苗を拾ったのは十六歳の時。それを荒れ地に植えた。秋、一俵の籾《もみ》が穫《と》れた。翌年、一俵の籾は五俵になった。

自然の恵みに人間の勤労を加える営みをこつこつ積み重ねると、大きな成果になる。金次郎は「積小致大《せきしょうちだい》」の哲理を貧窮との戦いから会得《えとく》する。それは至誠《しせい》、勤労《きんろう》、分度《ぶんど》、推譲《すいじょう》という実践哲学に発展し、金次郎を多くの農民を救う指導者に成長させていった。

立ちはだかった貧窮の壁。それを乗り越えようとする苦闘の中で二宮尊徳という人格は育《はぐく》まれたのである。

形こそ違え、人生の壁は誰の人生にも訪れてくる。

ただ、壁が前に立ちはだかった時に、人が辿《たど》る道は二つに分かれる。一つは壁に敢然《かんぜん》と挑み、なんとしても乗り越えていこうとする道、もう一つは壁に圧倒され、萎《い》縮《しゅく》し、逃避する道である。

この二十五年、『致知』の取材を通して感受したことがある。

それは壁に苦しみ、悩み、傷つき、苦悶《くもん》し、格闘する中で、人は人格を成長させていくということである。壁はその人の能力をさらに高め、魂を磨き、本物の人物にするために、天が与えてくれる試練だということである。

壁に対し、逃げてはならない。壁は私たちが何かを学ぶために、私たちの目の前に現れてくるのだ。そのことを肝に銘じておきたい。

松下幸之助氏の言葉がある。

「人間は自らの一念が後退する時、前に立ちはだかる障害物がものすごく大きく見える。それは動かすことのできない現実と思う……そう思うところに敗北の要因がある」

一念を堅持《けんじ》し続けることである。

第3章

生気湧出

し書かれていた。

「少年老《お》い易《やす》く学成《な》り難《がた》し」

この一語が何度も書かれ、最後は中途のまま落款《らっかん》が捺《お》されていた。自分はまだ学びの途上にある、といっているかのようだった。この人は九十を超えてなお、少年のような心で己の画業《がぎょう》を極め、人生を完成せんと挑んでいるのか。小さな驚きはやがて深い感動となり、今日に続いている。

中川一政氏は明治二十六年、東京本郷に生まれた。父は加賀松任出身の巡査。一政氏九歳の時に母が亡くなる。

弟妹は郷里に預けられ、女学校に通う姉が母代わりになった。

片道三里半の道を姉は毎日歩いて女学校に通い、帰れば家事に明け暮れた。その姉が亡くなった。時に明治三十八年五月一日午前二時二十分。この死亡時刻と姉が最期に発した「ああ、どうしよう」のひと声は、最晩年まで中川氏の胸から離れなかった。

氏がはじめて絵を描いたのは二十一歳の時。ある人から油絵具一式をもらったのがきっかけだった。そこから氏の求道《ぐどう》人生が始まる。氏は暗中模索《あんちゅうもさく》していた頃のことをこう書いている。

「私はその頃、正岡子規《まさおかしき》の文章を読んだ。井戸の掻掘《かいぼり》をする。濁った水をくみ出しくみ出し、もう出なくなったと思う頃にはじめてきれいな水がわいてくるというのである」

子規の言葉はそのまま中川氏の血肉となった。

「志」は「士」と「心」ではなく、「之」と「心」でできた文字、というのが中川氏の持論だった。「心」が「之」(行く)の意で、心が方向を持つことだという。その持論通り、氏の創作活動は絵画のみならず、書、陶芸、文章にも独自の境地をひらいた。味わい深い言葉が残されている。

▼人はまず最も身近にある杖をもって立つべき。

▼与えられれば得をしたと思う。そうではない、損をしたことだ。

▼私は余技《よぎ》のようなことはせぬ。本気でやれることをする。

▼その思想天理にかなえば、くたびれず健康なり。

中川氏九十五歳の誕生日のスピーチがある。

「長生きしようと努力したわけではないが、気がついたら九十五になっていた。芭蕉《ばしょう》がその最期の時に、弟子にどれが辞世の句かと聞かれ、自分にとって一句一句辞世でなかった句はない、といっているが、私もこれからの一日一日をそういうふうに送りたいと思う」

稽古をしてはならぬ。いつも真剣勝負をしなければならぬ——この言葉を自戒《じかい》とした人の一生は、最後まで生気湧出の人生であった。

第4章

場を高める

次郎で、寅は虎の仲間。虎の備えている徳は勇猛な点である。私は力が弱いので、虎の勇猛さを師としなければ、立派な人物にはなれない」

獄にあってなお、停滞と怠惰《たいだ》を自らに許さなかった松陰らしい夢であり、覚悟である。実際、松陰はこの獄中一年二か月間に六百十八冊の本を読破、獄を囚人の教育の場と化した。

続けていう。「自分は勇猛心を用いて事に臨《のぞ》んだことが三回ある。だが、勇猛心を用いて事に当たらねばならないことがまだ十八回残っている」と。「二十一回猛士墓」の墓碑銘を見ていると、松陰の気迫が伝わってくるような思いがする。

松陰の生家は墓から数十メートル奥に入ったところにあった。手入れされた更地に住まいの跡が仕切られていた。六畳二間と三畳二間の質素な住まいである。すぐ横に厩《うまや》がある。佇《たたず》んで往時《おうじ》を偲《しの》んでいると、松陰の時代に立ち返ったような錯覚を覚えた。

眼下には萩の街が広がっている。遥《はる》か前方は萩城である。指月山《しづきやま》と果てしない海原。この豊かな風光《ふうこう》の中で松陰は幼少期を過ごしたのだ。それが松陰の精神形成に及ぼした影響は計り知れない。

二度目の野山獄下獄《げごく》の時、松陰は村塾の壁にこの言葉を記した。

「松下陋村《しょうかろうそん》と雖《いえど》も、誓《ちか》って神国《しんこく》の幹《みき》とならん」——松本村はひなびた寒村《かんそん》ではあるが、必ずや日本の背骨となろう。

松陰は塾生たちに、その場で励めばそこが華になると教えた。その精神を結晶させたような言葉である。

いま、私たちが松陰に学ぶものは、この気概ではないか。人にはそれぞれ与えられた場がある。その場がたとえどんなにささやかであっても、その場を少しでも高める。そこに集《つど》う人々の心も高める。そのことに心して、日々精励したいものである。
あなたはあなたのいる場を高めているだろうか。

第5章

心を養い生を養う

収斂《しゅうれん》するように思われる。

一つは、人生に対して覚悟を決めよ、ということである。

二つは、敬の心を忘れるな、ということである。

覚悟を決めない人生は、空々漠々《くうくうばくばく》たるものに終わる。覚悟を決めても「敬」の心を失う人は傲慢《ごうまん》になり、人生を誤る。そのことを繰り返し説いている。換言《かんげん》すれば、一斎が千百三十三章を費やして説いているのは、「心を養え」ということである。心を養うことが自らの生を養い、豊かにする唯一の道である、ということである。

『言志四録』は味わい深い言葉に溢《あふ》れている。二つだけ引用する。

「閑想客感《かんそうかくかん》は志の立たざるによる。一志すでに立ちなば、百邪退聴《ひゃくじゃたいちょう》す」――つまらないことを考えたり、心を奪われるのは、志が立っていないからだ。一つの志がしっかり立っていれば、もろもろの邪念は退散してしまう。

「人の一生には順境あり、逆境あり。（中略）宜《よろ》しくその逆に処して敢《あ》えて易心《いしん》を生ぜず、その順に居りて敢えて惰心を作《おこ》さざるべし。ただ一の敬の字、もって逆順を貫けば可なり」――人の一生は順境もあれば、逆境もある。

養心養生
翔子

第6章

知好楽

パナソニックの社名が松下電器だった時期、山下俊彦という社長がいた。昭和五十二年、先輩二十四人を飛び越えて社長になり、話題となった人である。弊誌にも親しくご登場いただいたが、率直、明晰《めいせき》なお人柄だった。この山下さんが色紙を頼まれると、好んで書かれたのが「知好楽《ちこうらく》」である。何の説明もなしに渡されると、依頼した方はその意味を取りかねたという。この出典は『論語』である。

子曰《いわ》く、これを知る者は、これを好む者に如かず。これを好む者は、これを楽しむ者に如かず。

（これを知っているだけの者は、これを愛好する者におよばない。これを愛好する者は、これを真に楽しむ者にはおよばない）

極めてシンプルな人生の真理である。仕事でも人生でも、それを楽しむ境地に至って初めて真の妙味が出てくる、ということだろう。

稲盛和夫氏。京セラの創業者であり、経営破綻《はたん》に陥った日本航空を僅《わず》か二年八か月で再上場に導いた名経営者である。

この稲盛氏が新卒で入社した会社はスト続きで給料は遅配《ちはい》。嫌気がさした稲盛氏は自衛隊に転職しようとするが、実兄の反対を受け、そのまま会社に止《とど》まった。鬱々《うつうつ》とした日が続いた。会社から寮への帰り道、「故郷《ふるさと》」を歌うと思わず涙がこぼれたという。

こぼれた涙を拭《ぬぐ》って、こんな生活をしていても仕方がない、と稲盛氏は思った。自分は素晴らしい会社に勤めているのだ、素晴らしい仕事をしているのだ、と思うことにした。無理矢理そう思い込み、仕事に励んだ。すると不思議なもので、あれほど嫌だった会社が好きになり、仕事が面白くなってきたのだ。通勤の時間が惜しくなり、布団や鍋釜を工場に持ち込み、寝泊まりして仕事に打ち込むようになる。仕事が楽しくてならなくなったのだ。そのうちに一つの部署のリーダーを任され、赤字続きの会社で唯一黒字を出す部門にまで成長させた。稲盛氏はいう。

「会社を好きになったこと、仕事を好きになったこと、

そのことによって今日の私がある」

知好楽の人生に及ぼす影響がいかに大きいかを示す範例である。

ここでいう「楽」は、趣味や娯楽に興じる楽しさとは趣《おもむき》を異《こと》にする。その違いを明確にするために、先哲の多くは「真楽《しんらく》」という言い方をする。何事であれ対象と一体になった時に生命の深奥《しんおう》から湧き上がってくる楽しみが「真楽」である。物事に無我夢中、真剣に打ち込んでいる、まさにその時に味わう楽しさが真楽なのである。人生の醍醐味《だいごみ》とは、この真楽を味わうことに他ならない。

『安岡正篤《まさひろ》活学一日一言』を刊行した。二〇〇六年に出版した『安岡正篤一日一言』の続篇である。前書同様、本書もまた人間と人生を説いて示唆に富み、懦夫《だふ》を奮い立たせる言葉に溢《あふ》れている。

その安岡師がこう言っている。

「幕末佐賀の名君鍋島閑叟《なべしまかんそう》の師古賀穀堂《こがこくどう》の自警に『自分は開闢《かいびゃく》以来の第一人になる』の語がある。——大変な天狗《てんぐ》と思われるかも知れません。然《しか》し違うのです。それは第一人を『だい』一人と読むからです。第は『ただ』と読むのです」(『安岡正篤一日一言』)

郵便はがき

料金受取人払郵便

渋谷局承認

1216

差出有効期間
平成28年3月
31日まで
(切手不要)

1508790

584

東京都渋谷区神宮前4-24-9

致知出版社 行

『致知』年間購読申込みハガキ

FAXもご利用ください。➡ FAX.03-3796-2108

お買い上げいただいた本

フリガナ		性　別	男・女
お名前		生年月日	西暦＿＿＿＿年　月　日生　歳
フリガナ		部署・役職名	
会社名			
ご住所（ご送本先）	自宅　会社　〒　－		
電話番号	自宅　－　－	会社　－　－	
携帯番号		E-mail	
職　種	1.会社役員　2.会社員　3.公務員　4.教職員　5.学生　6.自由業　7.農林漁業　8.自営業　9.主婦　10.その他		

ご購読口数（バックナンバーは別売になります）
最新号より　毎月＿＿＿冊

ご購読期間　○印をしてください
3年 27,800円（定価37,800円）
1年 10,300円（定価12,600円）
※年間12冊・送料・消費税含む

※ご購読料の請求書（振込用紙）は、初回送本に同封させていただきます。

お客様からいただきました個人情報は、商品のお届け、お支払いの確認、弊社の各種ご案内に利用させていただくことがございます。

宇宙開闢以来の第《ただ》一人の自分である、粗末に生きてはならぬ、と穀堂は自戒したのだろう。
穀堂のみではない。私たちもまた開闢以来の第一人の人生を生きている。第一人の人生を生きるとは、自分の人生に責任を持つことである。言い換えれば、人は皆、自分の人生のリーダーとして生きなければならない、ということである。

古来、リーダーたる者には必須の条件がある。「修身」である。気まぐれ、わがまま、むらっ気を取り去り、自分という人間を少しでも立派に磨いていく。これが「修身」である。

経世《けいせい》の書『呂氏春秋《りょししゅんじゅう》』にこういう話がある。

殷《いん》の国を開いた湯王《とうおう》という王がいた。湯王は名宰相の伊尹《いいん》に、天下を取ろうと思うがどうすればよいか、と問う。伊尹が答えていう。天下を取ろうなどという欲望に走ったら、決して天下は取れない。それどころか自分の身が先に取られてしまう。昔から聖王といわれるような人は、まず自分の身を創り上げてから天下を得た。天下を治めようとする者は、天下を取ろうなどという考えはさて措《お》いて、まず自分を修めなければならない。湯王は伊尹の諭《さと》しを実践した。

上に立つ者の必読書とされる『大学』が最も重んじるのも「修身」である。身を修めていない小人《しょうじん》が上に立つと災害が並び至る、とも指摘している。その修身の土台となるのが格物《かくぶつ》・致知《ちち》・誠意《せいい》・正心《せいしん》である。自分の立つ立場に真剣誠実に全力を尽くす。それが修身の根本と『大学』は教えている。

「修身」の度合いを心理学的に考察した人に薄衣佐吉《うすぎさきち》氏（故人）がいる。氏は心は発達するものであり、七つの段階があるという。

第一は自己中心の心。赤ちゃんがそれである。自分の欲求だけに生きている。

第二は自立準備性の心。幼稚園児の頃である。用事を手伝ったりする。

第三は自立力の段階。成人を迎え自立する。

第四は開拓力の時代。困難に立ち向かい、開発改善していく力を持つ。年齢的には三十～四十代か。

第五は指導力。四十～五十代になり部下を指導していく。

第六は包容力。好き嫌いを超えて人を包容していく。

そして第七は感化力。その人がいることで自《おの》ずと感化を与える。最高の状態といえよう。人間、晩年にはかくありたいものだ。

修身
翔子

ここで留意したいのは、人は歳月とともに身体的年齢は増えるが、心の発達は必ずしも歳月に比例しないということである。薄衣氏によれば、年は取っても七十五パーセントの人が二段階の状態で終わり、三段階までいくのは十五パーセント、四段階以上に至るのは十パーセントという。修身の厳しさを思わずにはいられない。

開闢以来の第一人として自らの心を高めていきたいものである。

第8章

歩歩是道場

歩歩《ほほ》是道場《これどうじょう》、という言葉がある。禅の言葉である。日常の一挙手一投足、そのすべてが自己を鍛える道場だ、という意味である。

「歩歩とはいま、ここのこと」

百歳の禅僧松原泰道師（故人）にそう教わった。道場は静謐《せいひつ》な山中にだけあるのではない。いま、自分が置かれている立場、状況は、そのまま自己を磨く道場である。いつであれ、どんな所であれ、心がけ次第で自分を高める修行の場になる。また、そういう生き方をしなければならない――泰道師の声はいまも耳の奥に響いている。

歴史に鮮やかな軌跡を残した人は、一様に歩歩是道場を体現した人である。例えば、西郷隆盛である。

西郷は島津久光《ひさみつ》の逆鱗《げきりん》に触れ、三十六歳で徳之島へ、さらに沖永良部島《おきのえらぶ》に遠島《えんとう》となる。沖永良部島は鹿児島から五百三十六キロメートル。四十年前はフェリーで二十数時間を要した。いまでも十七、八時間はかかる。西郷の時代はその距離を船頭《せんどう》が人力で漕《こ》いでいったのである。

当時、この島に流されるのは死刑に次ぐ重刑だった。西郷はその島で戸も壁もない獣の檻《おり》のような吹きさらしの獄舎《ごくしゃ》に幽閉《ゆうへい》された。同時に一族郎党を含め、西郷家の財産はすべて没収されていた。
常人《じょうじん》なら絶望に打ちひしがれて不思議はない。この状況の中で西郷は八百冊の本を詰めた行李《こうり》三つを獄舎に持ち込み、猛烈な勉強を始めるのである。西郷が友人の桂《かつら》右衛門《うえもん》に送った手紙がある。

「徳之島より当島（沖永良部島）へ引き移り候処、直様《すぐさま》牢中に召し入れられ却《かえ》って身の為には有難く、余念なく一筋に志操を研《みが》き候事にて、（中略）益々《ますます》志は堅固に突き立て申す事にて、御一笑成し下さるべく候」

歩歩を道場とした大西郷の面目躍如《めんもくやくじょ》である。西郷は遠島流罪《るざい》という悲運の場を、徹底した自己研鑽《けんさん》に励むことで最高の修養の場と化したのだ。

曹洞宗を開いた道元もまた、歩歩是道場を貫いた人である。一つの言葉がある。

「設《たと》ひ発病して死すべくとも、猶只是《なおただこ》れを修《しゅ》すべし。病ひ無ふして修せず、此の身をいたはり用ひてなんの用ぞ。病ひして死せば本意なり」

たとえ病気になって死のうと、仏道修行をやり抜くべきである。まして病気でもないのに修行もせず、自分自身の体をいたわり、その体を何の用に役立てようというのか。仏道修行を続ける中で病気になって死んでも、それはそれで本望ではないか、と道元はいう。事実、道元はこの言葉のように人生を生きた。

道元は死の床で『法華経《ほけきょう》』の「如来神力品《にょらいじんりきほん》」の言葉を柱に書き、その言葉を唱えながら亡くなったという。その言葉とは、

「是の処は即ち是れ道場」

いまわの際《きわ》にあるこの場所も、自分を高めていく道場なのだ、というのである。道に徹した人の死を賭《と》した究

極の教えである。

最後に国民教育の師父と仰がれた森信三先生の言葉を紹介して稿《こう》を擱《お》きたい。

「休息は睡眠以外には不要――という人間に成ること。すべてはそこから始まるのです」

歩歩是道場の人生を歩まれた人ならではの言葉である。

第9章

常に前進

約百五十億年前、ビッグバンによって誕生した宇宙は絶えざる創造進化を繰り返し、今日の姿になった。だが、宇宙は現状で静止しているのではない。いまも膨張し続けている、と宇宙科学者たちはいう。宇宙はなおも前進し続けている、ということである。

宇宙は己の存在を知らしめるために人間を創った、ともいわれる。宇宙に抱かれて生み出された人間もまた、それ自体が一個の小宇宙である。ならば、人間もまた常に前進し続ける使命を宇宙より課されているように思われる。

『論語』泰伯《たいはく》第八に次の一節がある。

「士《し》は以《もっ》て弘毅《こうき》ならざるべからず。
任《にん》重くして道遠し。
仁《じん》以て己《おの》が任と為《な》す。また重からずや。
死して後《のち》已《や》む。また遠からずや」

士は度量《どりょう》が広く意志が強固でなければならない。それは任務が重く、道が遠いからである。仁を実践していくことを自分の任務とする。なんと重いではないか。全力を尽くして死ぬまで事に当たる。なんと遠いではないか。

曾子《そうし》の言葉である。曾子は孔子の姿を思ってこの言葉を発したのではないか。事実、孔子はまさにこのように、その生涯を生きた。
釈迦もまた、八十歳で病に伏《ふ》すまで、熱砂《ねっさ》の中を前進し続けた。

孔子、釈迦だけではない。二人の聖人に倣《なら》うように、多くの先達《せんだつ》が命ある限り前進し続けた生涯を、我われに残してくれている。
真珠王《しんじゅ》といわれた御木本幸吉《みきもとこうきち》もその一人である。九十五歳の時に、こんな言葉を残している。

「わしは百まで生きる。あと五年だ。これからの五年は

二十歳から始めて過去七十五年間学んだ業績と同じ分量の仕事がやれる」

昭和四十九年から六年間、経団連会長を務めた土光敏夫《どこうとしお》さん。この人がいなければ行政改革は実現しなかったろう、といわれる。その土光さんは『大学』のこの一節を愛し、好んで揮毫《きごう》した。

「苟《まこと》に日に新たに　日々に新たに　又《また》日に新たなり」

土光さんのこの書を見たことがある。「一日一生」の思いで日々を生きた人の気迫が迸《ほとばし》るような書であった。

『致知』に長らくご連載いただいた坂村真民《しんみん》さん。亡くなられて五年が経つ。今年（二〇一二年）三月にお住まいだった愛媛県砥部町《とべちょう》に記念館が完成する。その真民さんに、文字通《どお》り、「つねに前進」と題する詩がある。

すべて
とどまると
くさる
このおそろしさを
知ろう
つねに前進
つねに一歩

日々新
翔子

空也《くうや》は左足を出し
一遍《いっぺん》は右足を出している
あの姿を
拝してゆこう

こんな詩もある。

人間いつかは終わりがくる
前進しながら終わるのだ

まだ前進できる、まだ前進しなければならぬ——真民さんの詩と人生は、そのことを私たちに教えている。

第10章

長の一念

中国の古い昔、法遠《ほうおん》という坊さんが師匠に弟子入りを願い出た。禅門は簡単に入門を許さない。玄関で待っているると師匠が現れ、いきなり桶《おけ》の水をバサッとかけた。他の志願者は皆腹を立て帰っていったが、法遠だけは残り続け、入門を許された。

弟子になって間もないある日、師匠が外出した。法遠は蔵に入り、普段は食べられないご馳走《ちそう》をつくって皆に振る舞った。ところが、思いがけず予定より早く師匠が戻ってきた。師匠は激怒し、法遠を寺から追い出したばかりか、ご馳走《ちそう》した分を町で托鉢《たくはつ》してお金で返せ、と要求した。法遠は風雨の日も厭《いと》わず托鉢を続け、ようやくお金を返した。

すると師匠は「おまえが托鉢している間野宿をしていたのは寺の土地だから家賃を払え」と迫った。法遠はその言葉に従い、また黙々と托鉢を続けた。その様子をじっと見ていた師匠は弟子を集め、自分の後継者が決まった、と宣言し、法遠を皆に紹介した。

弊社主催の徳望塾《とくぼう》で円覚寺《えんがくじ》の横田南嶺《なんれい》管長が述べられた話である。これに続いて、横田管長はご自分のことを話された。

横田管長は四十五歳で円覚寺の管長に選ばれたが、なぜ自分が選ばれたのか分からない。ただ一つ、これかな

じる。一は「修身」、二は「場を高める」。この二点に意を注がない長は長たる資格がない、と断言できる。

気まま、わがまま、ムラッ気を取り去る。修身とはこのことである。さらには、公平無私、自己犠牲、先義後《せんぎこう》利《り》（目先の利益を追わない。義務が先、娯楽は後）を率先垂範《そっせんすいはん》することである。長が私意をほしいままにして、組織が健全に成長するわけがない。

次に場を高めること。長たる者は自分のいる場に理想を掲《かか》げ、そこに集うすべての人をその理想に向け、モチベートしていく人でなければならない。「**適切な目標を**

示さず、社員に希望を与えない経営者は失格である」とは松下幸之助の言葉だが、まさに至言である。

加えてもう一つ、長の一念を安岡正篤《まさひろ》師が明示している。

「偉くなることは、必ずしも富士山のように仰《あお》がれるようになるためではない。なるほど富士山は立派だけれども、それよりも何よりも立派なものは大地である。この大地は万山を載せて一向に重しとしない。限りなき谷やら川やらを載せて敢《あ》えていとわない。常に平々坦々《たんたん》としておる。この大地こそ本当の徳である。われわれもこの大地のような徳を持たなければならぬ、大地のような人間にならなければならぬ」

最後に、最近逝去された経営コンサルタントの船井《ふない》幸雄《ゆきお》さんの晩年の言葉を付記する。

「四十余年経営コンサルタントをやってきて分かったことがある。どうしたら経営がうまくいくか。それはそこにいる人が命を懸けている。それが第一条件。いるところに命を懸ける。これが大事」

長として欠かせない姿勢であり、一念である。

あとがき

「一国は一人《いちにん》を以《もっ》て興《おこ》り、一人を以て亡《ほろ》ぶ」

宋代の人、蘇老泉《そろうせん》の言葉である。

これは国に限ったことではない。会社然《しか》り、各種の団体然り、そして家庭然り。どういう形であれ人間が集まるところには、そこにどういう人物がいるかでその人間集団の命運が決まる、ということである。一人ひとりがどのような修養を積み、いかなる資質を身につけているかが問われるのだ。人物学人間学の大事さが説かれる所《ゆ》以《えん》である。

中でも長たる者の責務は重い。その人のあり方が他の多くの命運にもろに関わっていくからである。己を修めることに努めなくてどうしよう。

というと、それは長の話であって自分とは関係がない、別の世界のことだ、と思われる方がいるかも知れない。そうだろうか。

ここに孟子の言葉がある。

「人恒《つね》の言《げん》あり。皆曰《い》わく、天下国家と。天下の本《もと》は国に在《あ》り、国の本は家に在り、家の本は身に在り」

人々は誰もが口を開けば天下国家というが、天下の本は国であり、国の本は家であり、家の本はわが身、自分自身である、というのである。天下を論じ国を立派にしたいと思うならば、何よりも先にわが身を修めなければならないことに思いが至る。

この自覚に立つとき、明確に見えてくるものがある。長い航海にたとえられる人生。自分の人生は誰のものでもない。自分の人生航路が向かう先を定めるのは自分自身なのだ、自分の人生の長は自分自身なのだ、という思いである。

【初出一覧】

第一章　長たる者の器量　『致知』二〇一一年八月号
第二章　壁を越える　『致知』二〇〇四年三月号
第三章　生気湧出　『致知』二〇一一年九月号
第四章　場を高める　『致知』二〇〇七年五月号
第五章　心を養い生を養う　『致知』二〇〇七年一月号
第六章　知好楽　『致知』二〇一三年五月号
第七章　修身　『致知』二〇一三年二月号
第八章　歩歩是道場　『致知』二〇一三年七月号
第九章　常に前進　『致知』二〇一二年三月号
第十章　長の一念　『致知』二〇一四年六月号

〈著者略歴〉

金澤翔子（かなざわ・しょうこ）

昭和60年東京生まれ。ダウン症と診断される。5歳で母に師事し書道を始め、10歳で「般若心経」を書く。平成17年、銀座画廊で個展開催後、建長寺、建仁寺、東大寺などでも開催。24年のNHK大河ドラマ『平清盛』の題字を担当。著書に『空から —書と遊び、書に笑う 金澤翔子作品集』（清流出版）などがある。

藤尾秀昭（ふじお・ひであき）

昭和53年の創刊以来、月刊誌『致知』の編集に携わる。54年に編集長に就任。平成4年に致知出版社代表取締役社長に就任。現在代表取締役社長兼編集長。『致知』は「人間学」をテーマに一貫した編集方針を貫いてきた月刊誌で、平成25年、創刊35年を迎えた。有名無名を問わず、「一隅を照らす人々」に照準をあてた編集は、オンリーワンの雑誌として注目を集めている。主な著書に『小さな人生論1～5』『小さな修養論』『小さな経営論』『心に響く小さな5つの物語Ⅰ～Ⅱ』『心に響く言葉』『プロの条件』『安岡正篤 心に残る言葉』『ポケット名言集「小さな人生論」』『人生の大則』がある。

長の十訓

平成二十七年四月十五日第一刷発行

著者　藤尾　秀昭

発行者　藤尾　秀昭

発行所　致知出版社

〒150-0001 東京都渋谷区神宮前四の二十四の九

TEL（〇三）三七九六―二一一一

印刷・製本　中央精版印刷

落丁・乱丁はお取替え致します。　（検印廃止）

ISBN978-4-8009-1073-8 C0095

ホームページ　http://www.chichi.co.jp

Eメール　books@chichi.co.jp